# THE SACRED LETTERS

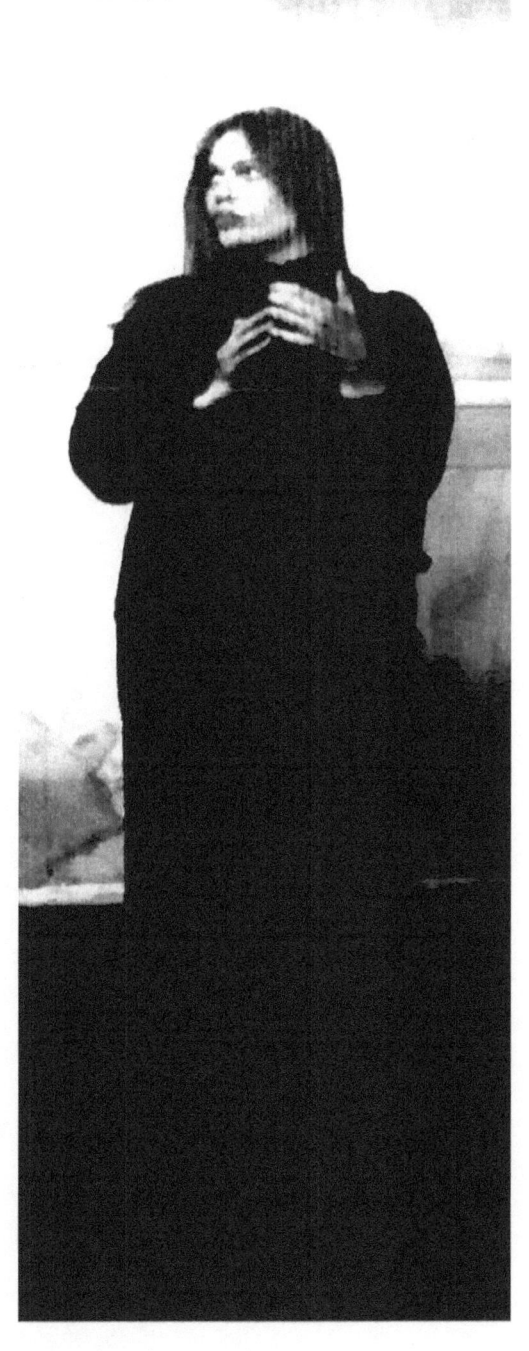

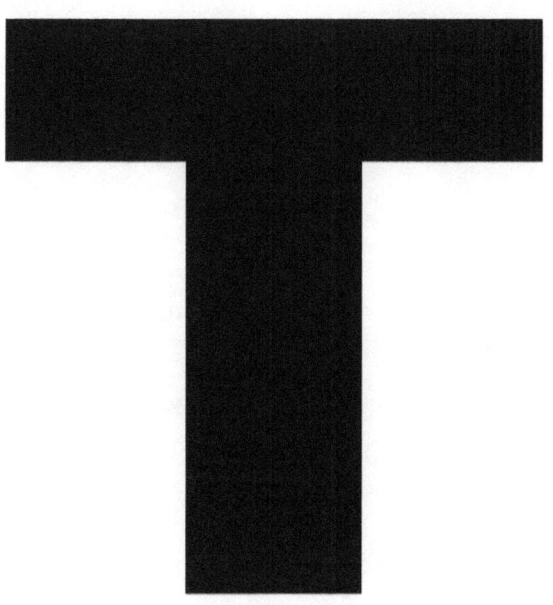

# VERNON

```
    T
    R
TRUTH
    U
    H
```

TRUTH IS THE NIHIL

EVEN

AIR

AS

W
O
WOUND
N
D

WHEN

NO

T
R
TRUTH
T
H

TRUTH IS THE NIHIL

THE NIHIL IS TRUTH

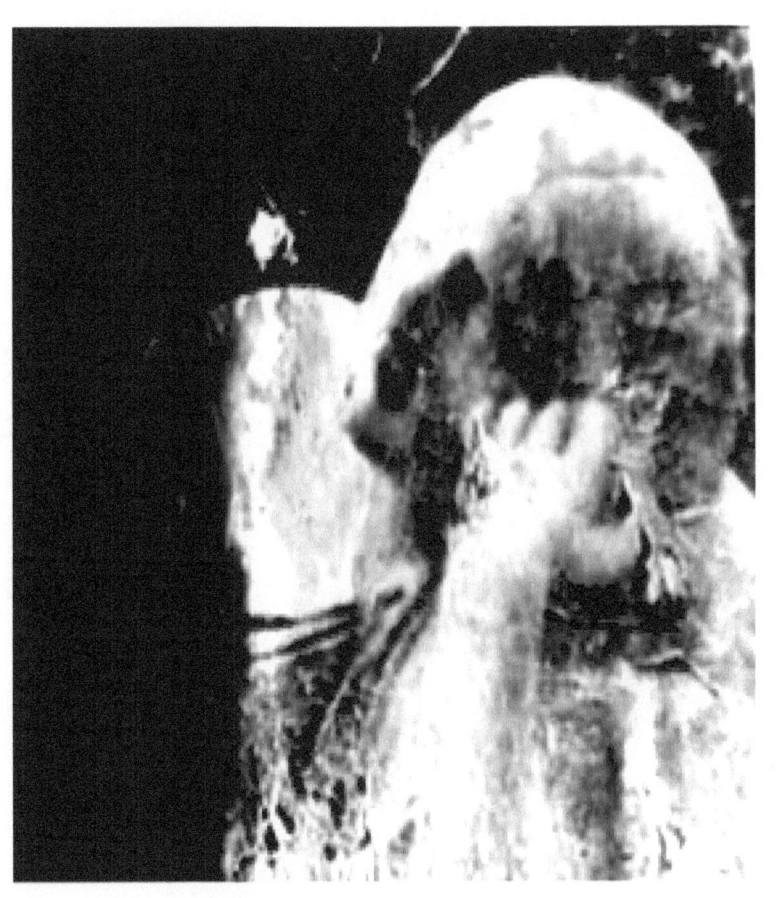

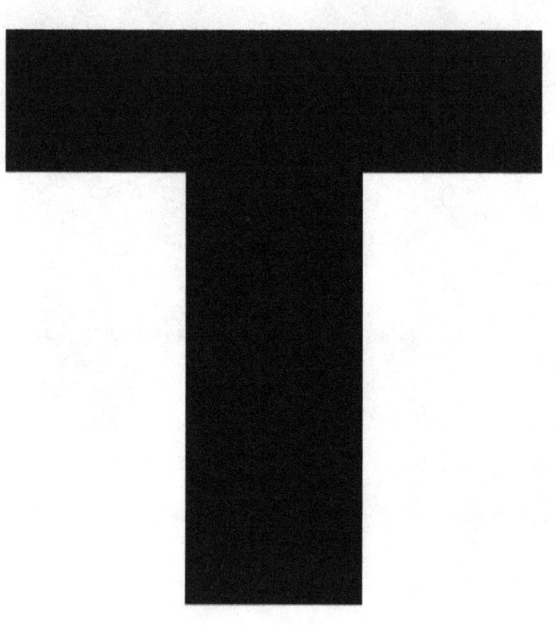

R

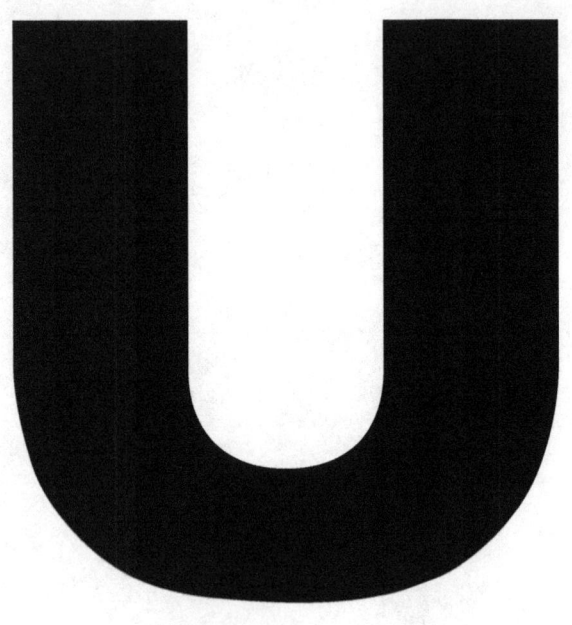

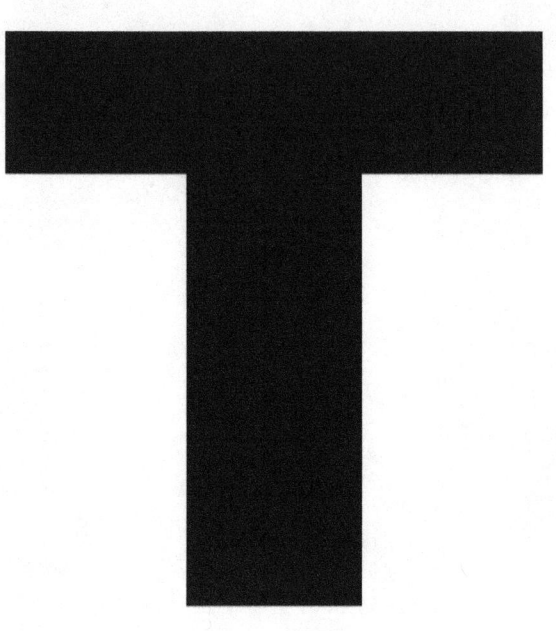

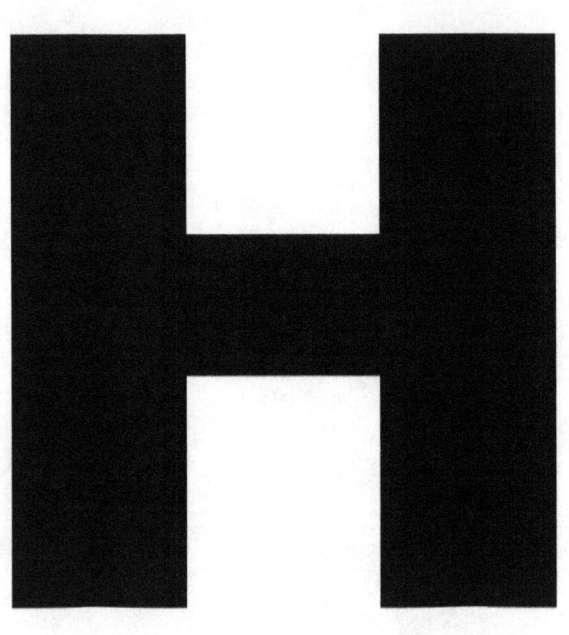

S

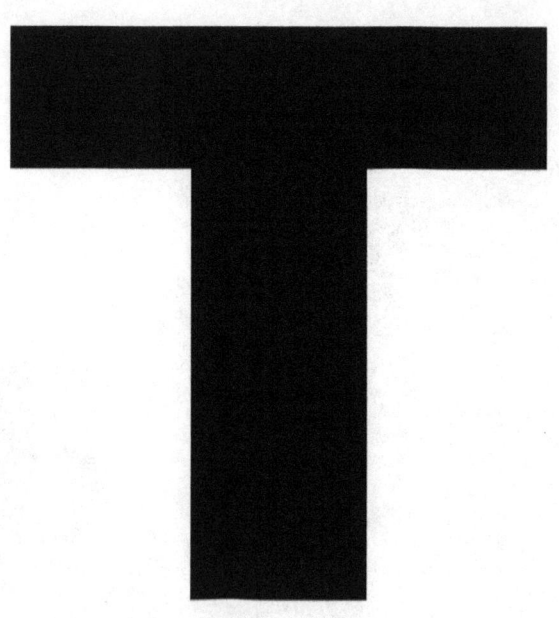

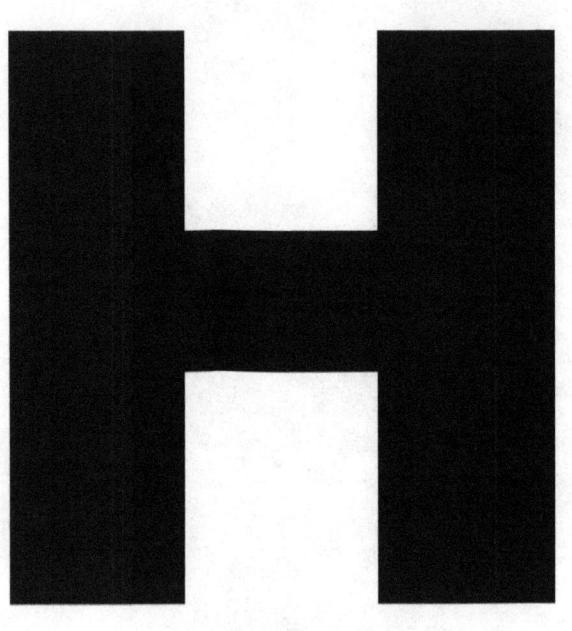

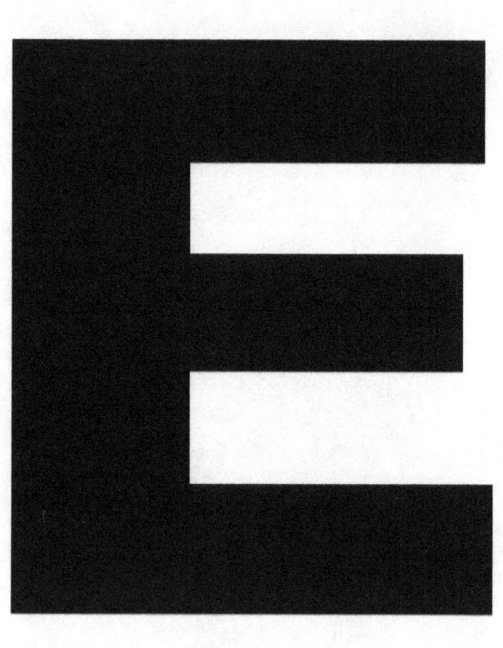

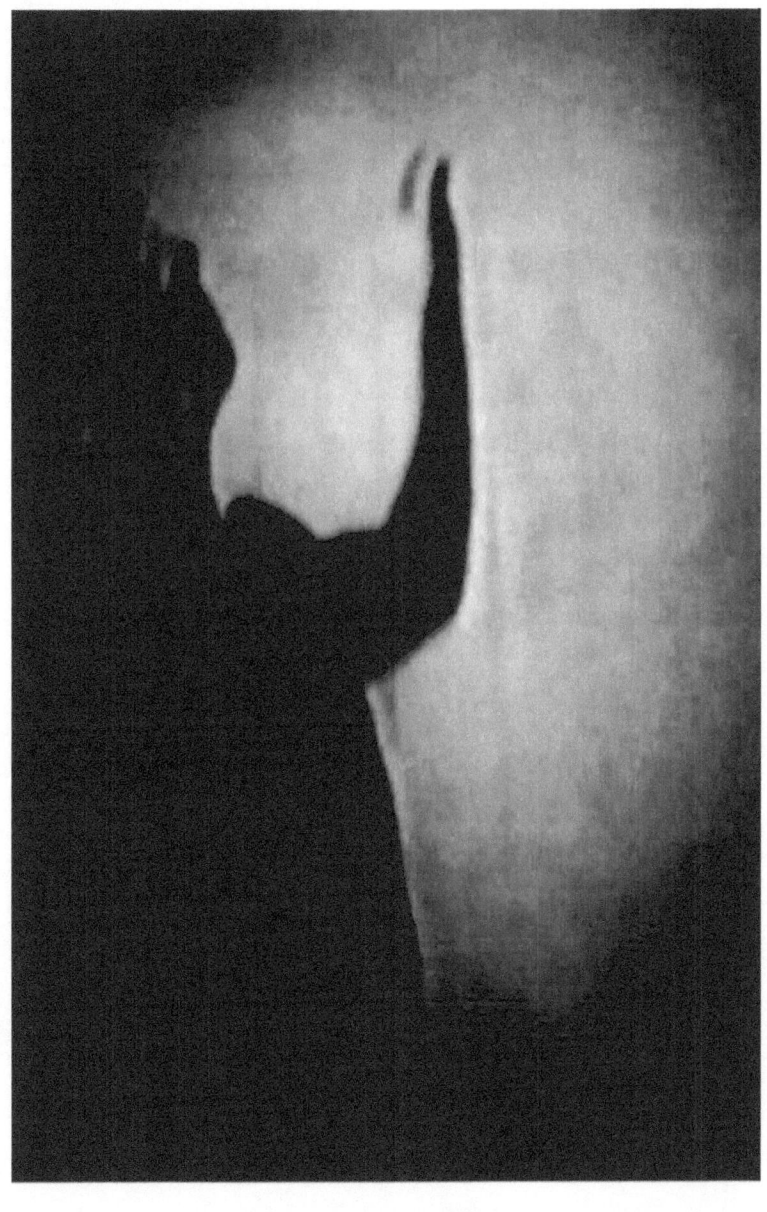

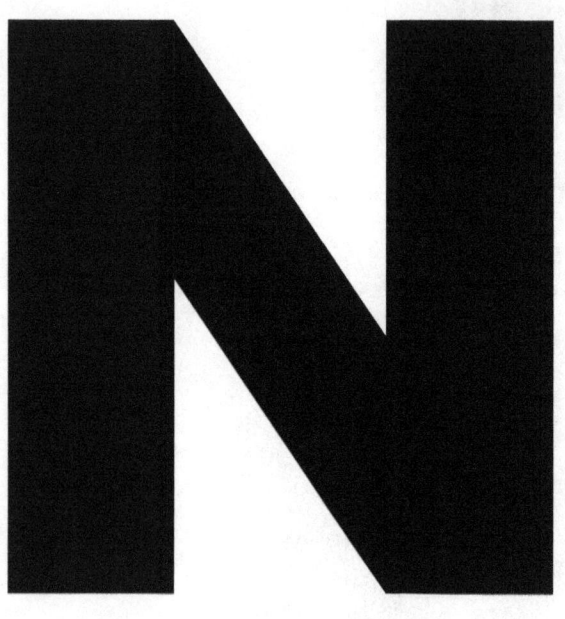

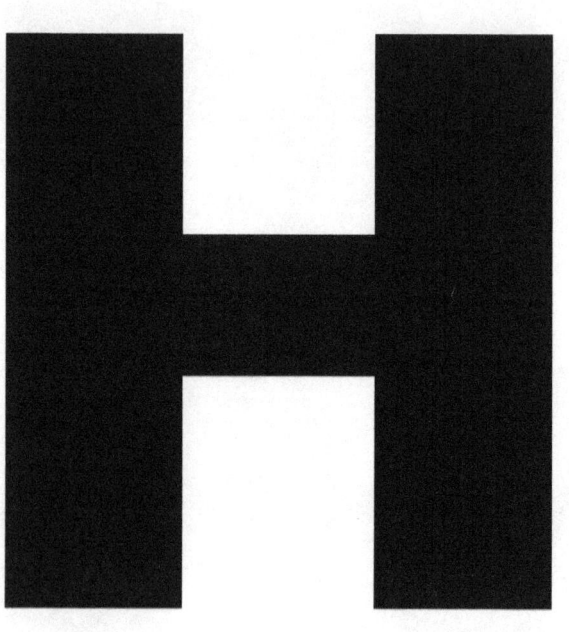

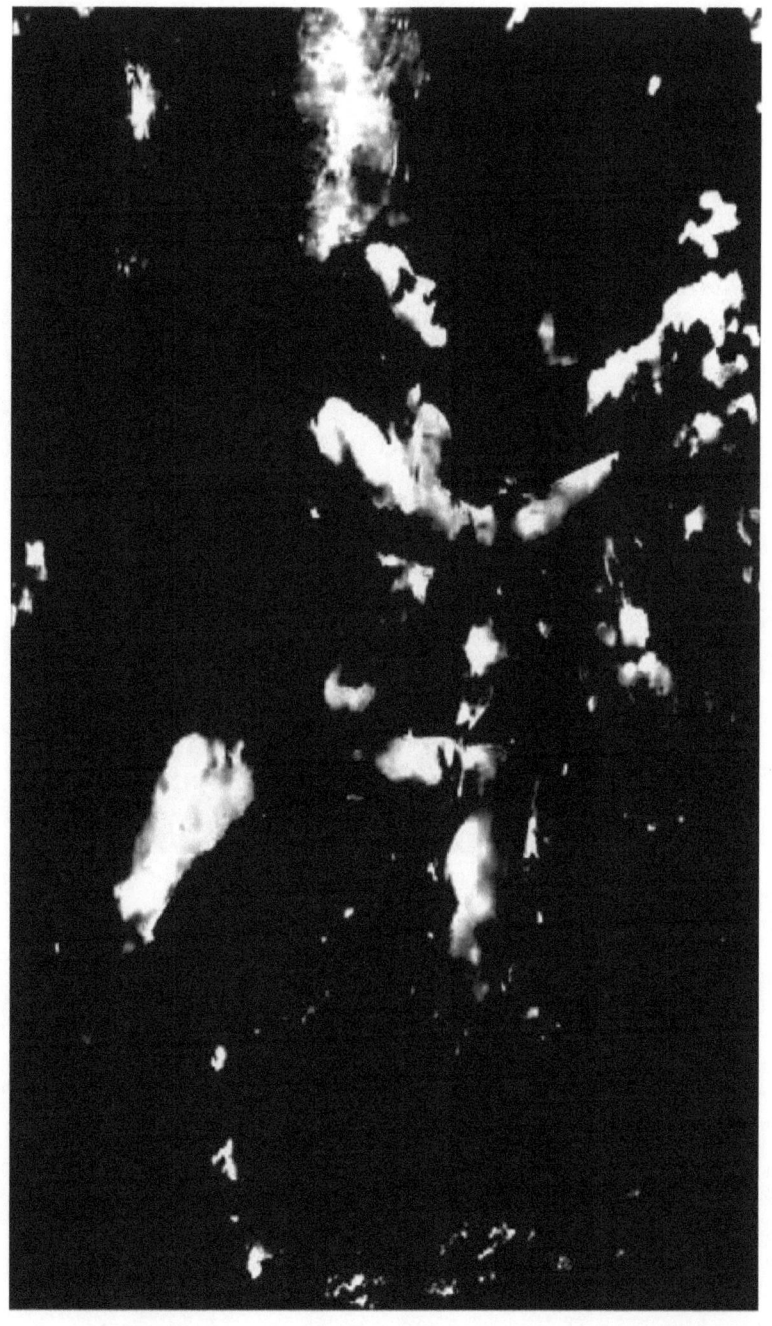

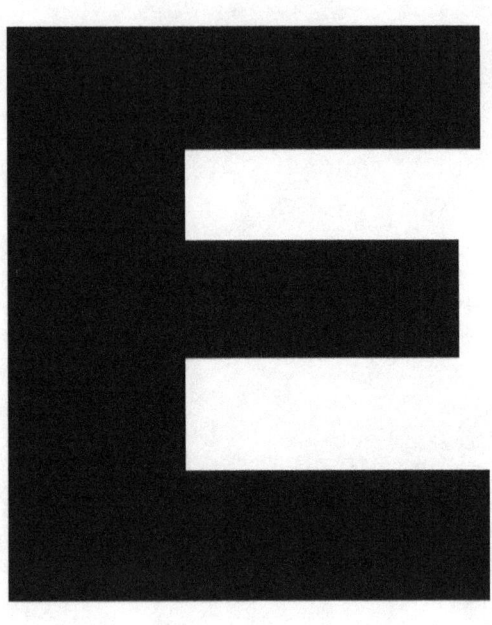

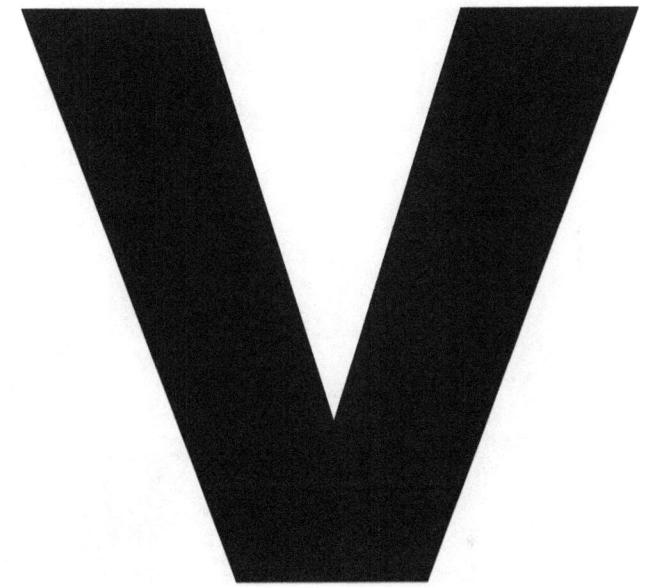

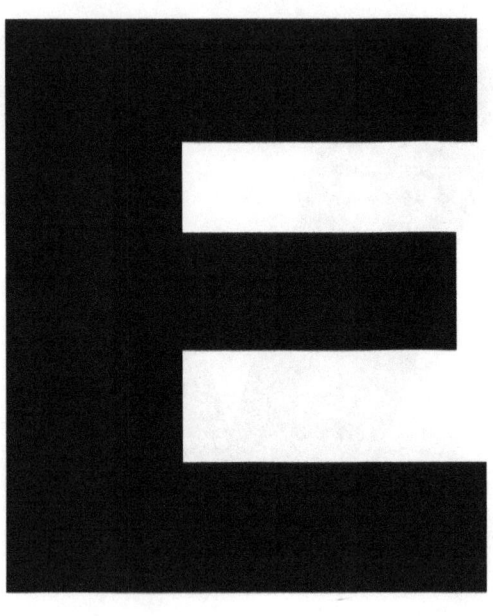

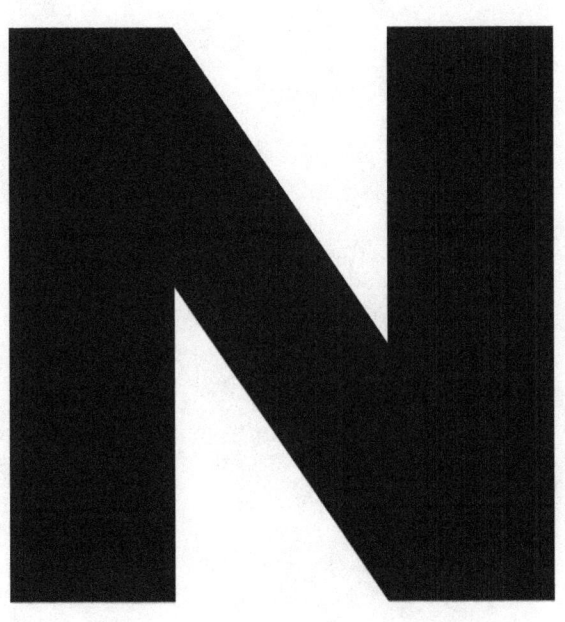

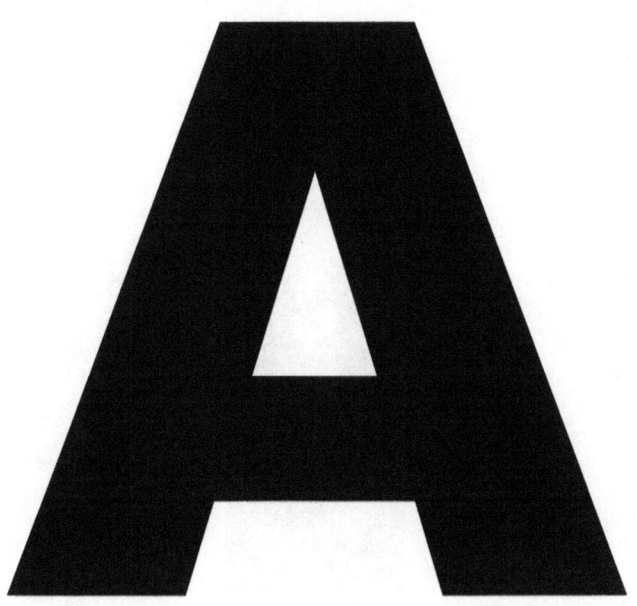

R

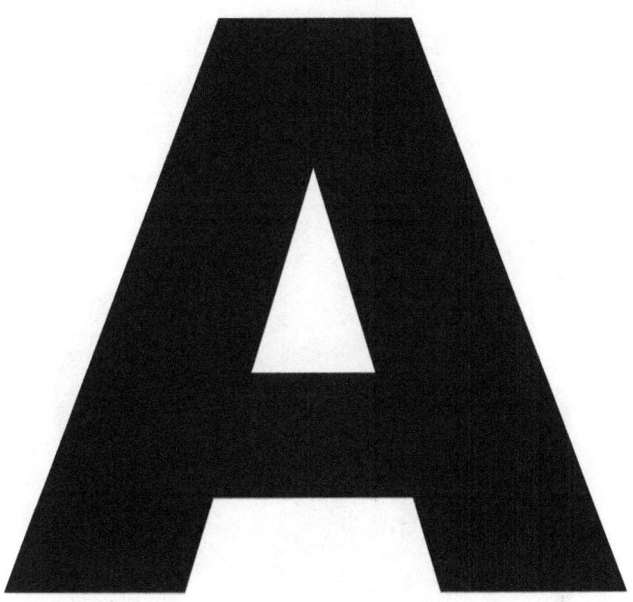

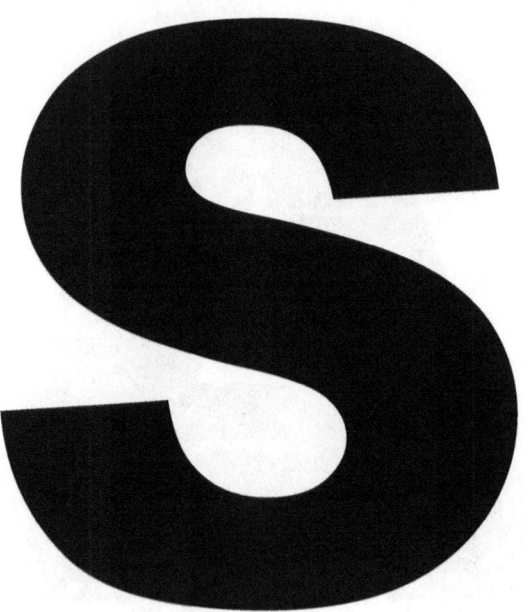

W

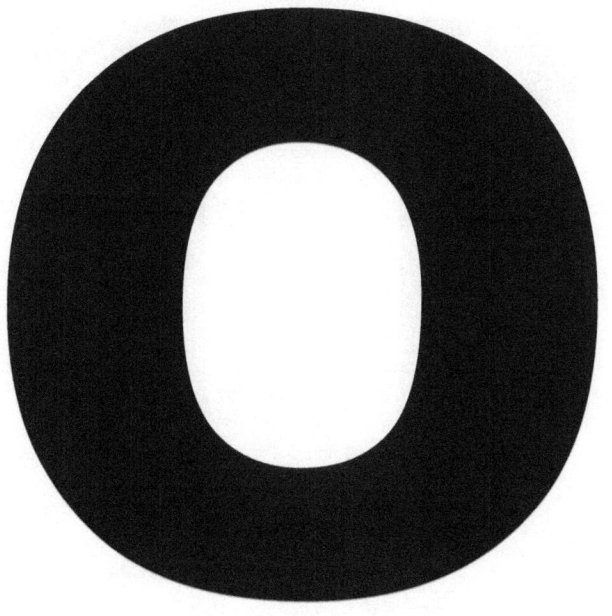

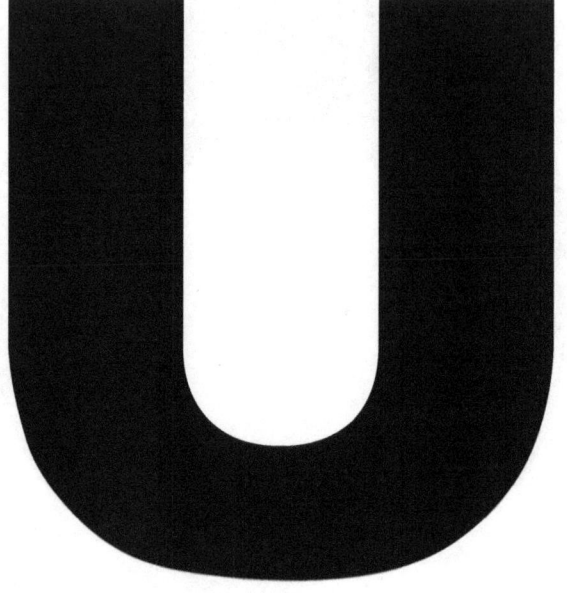

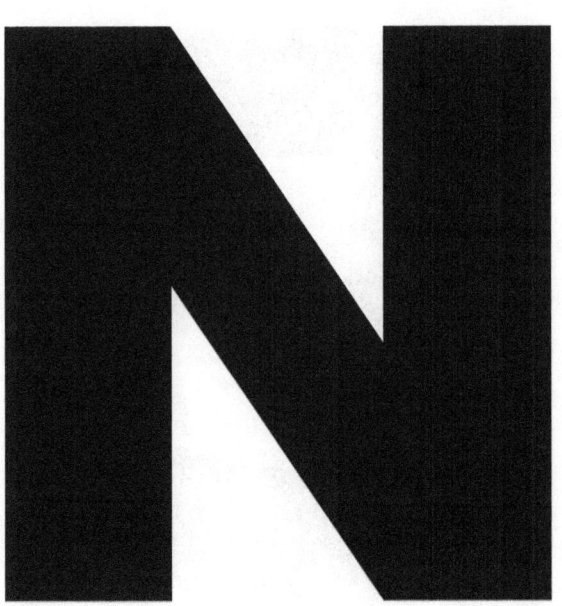

D

W

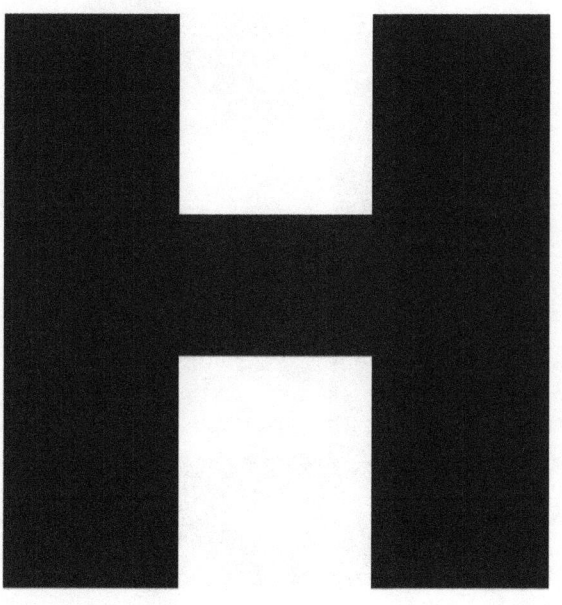

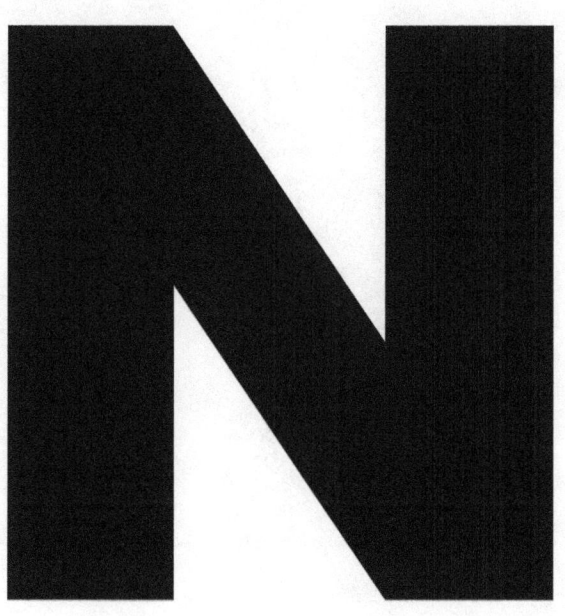

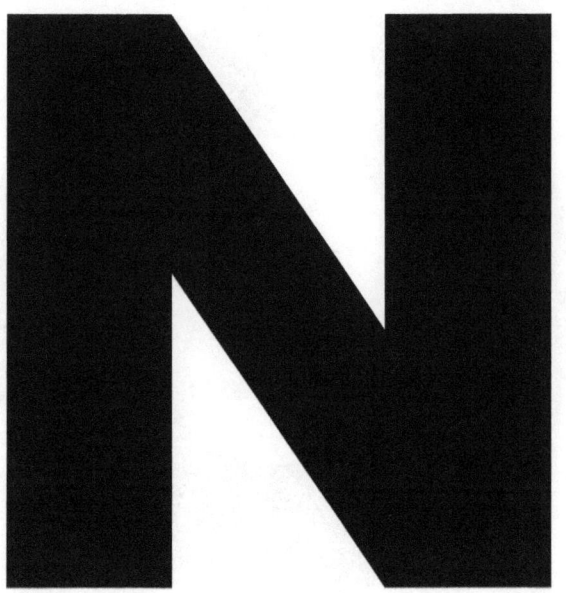

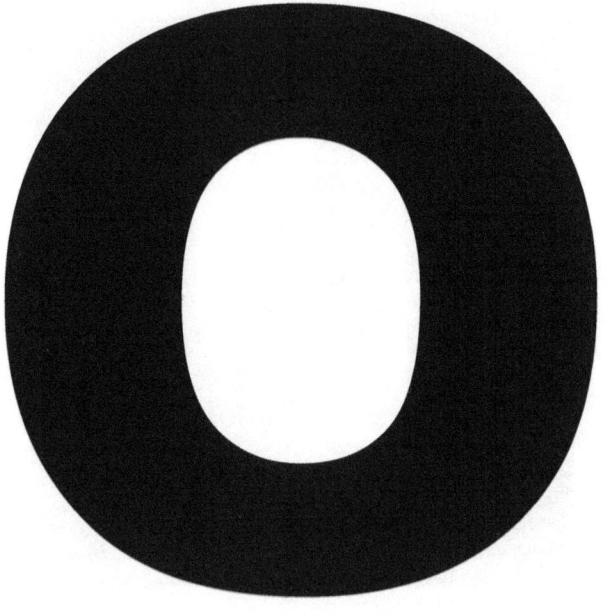

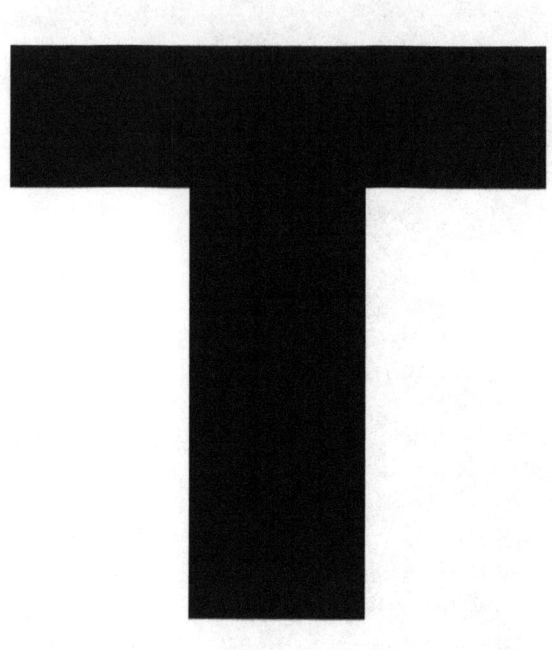

R

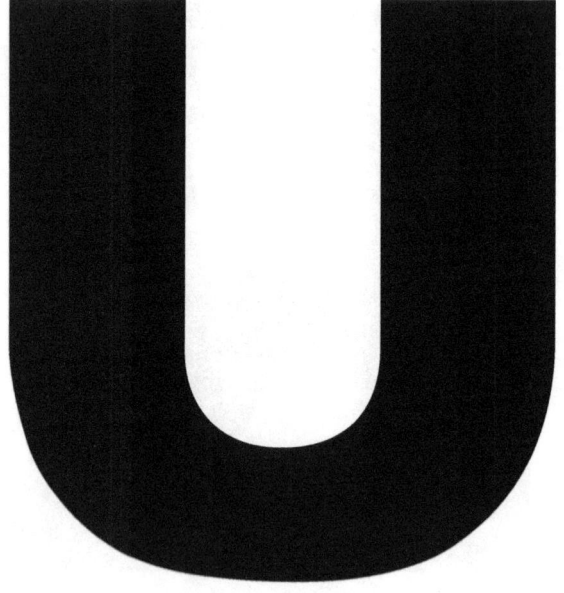

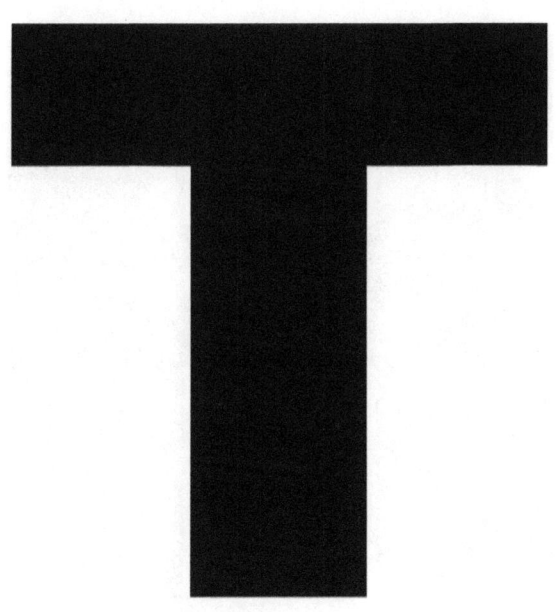

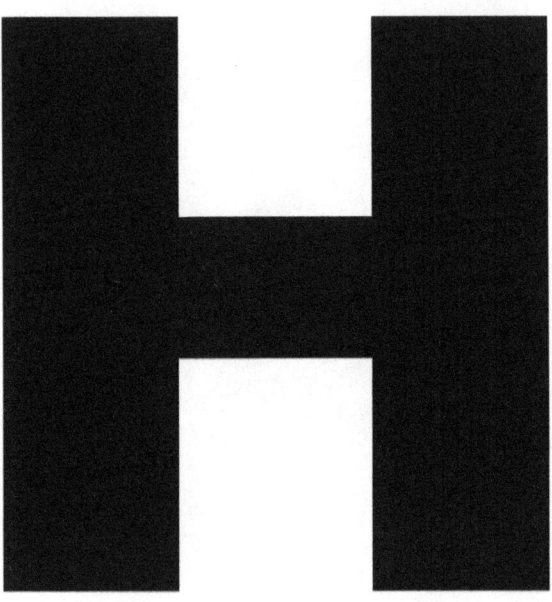

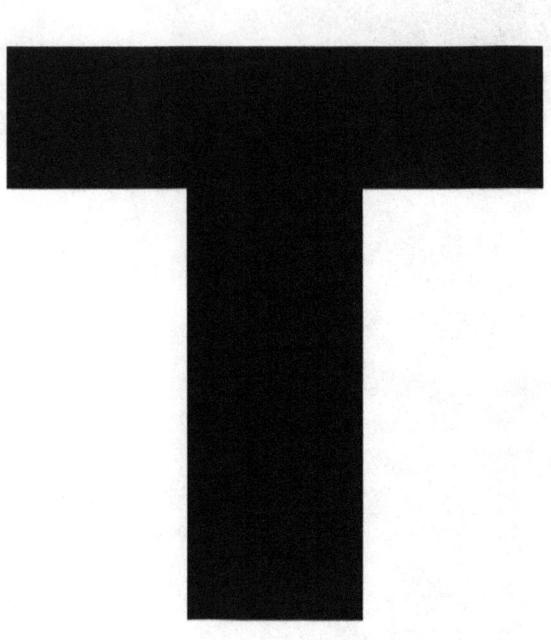

R

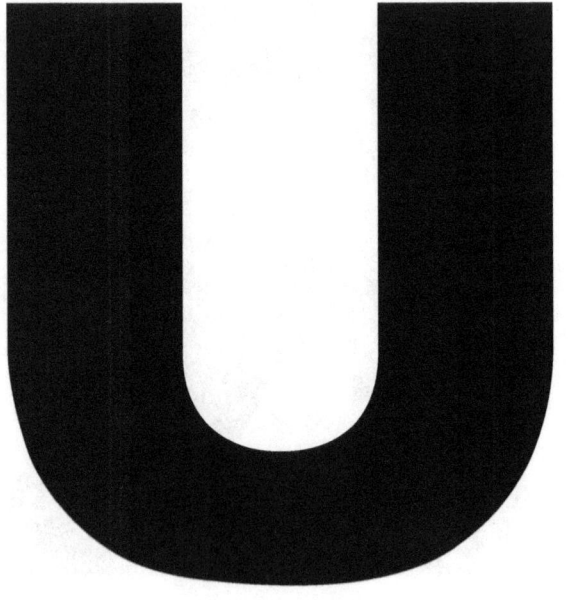

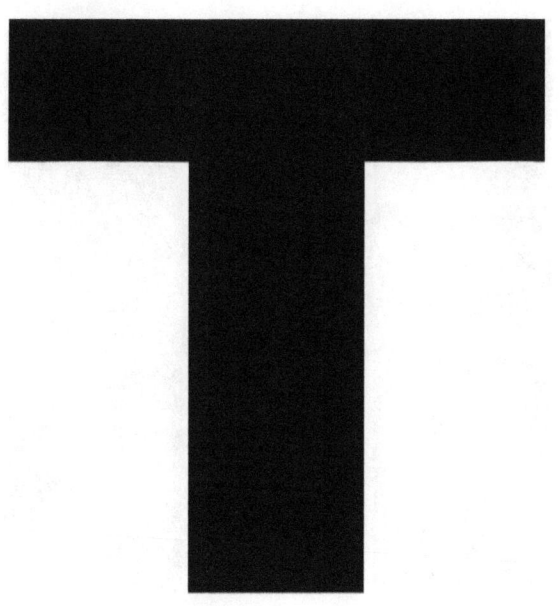

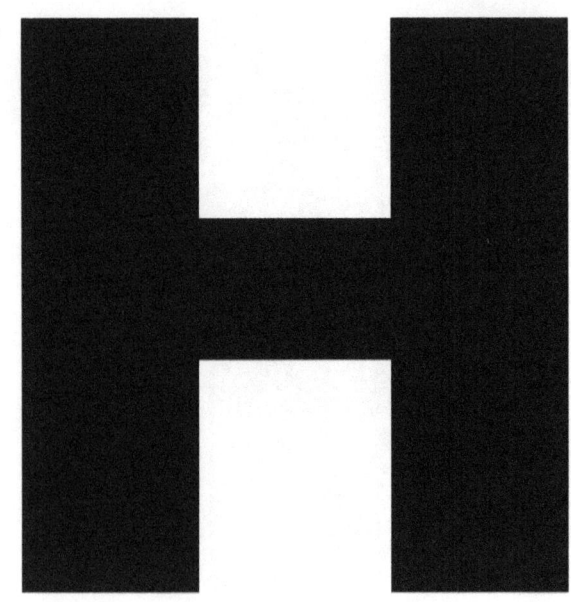

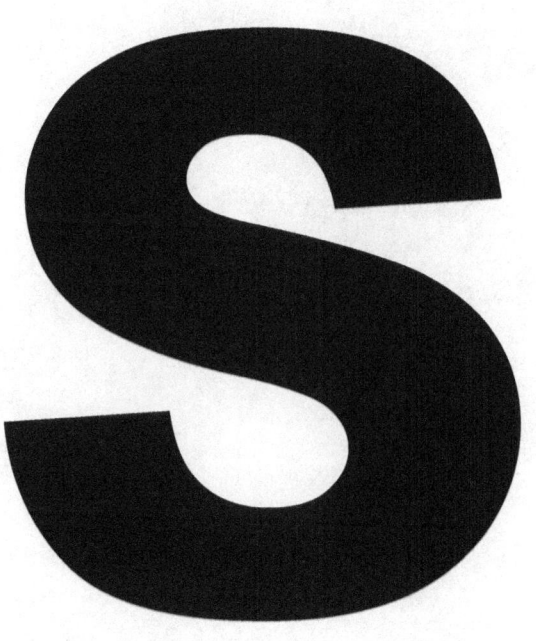

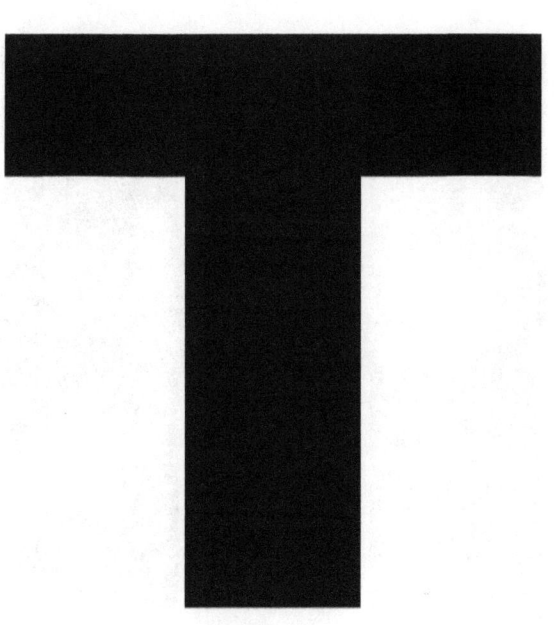

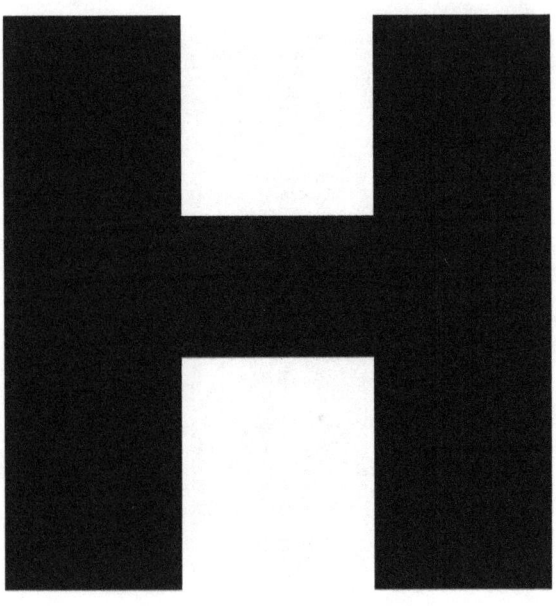

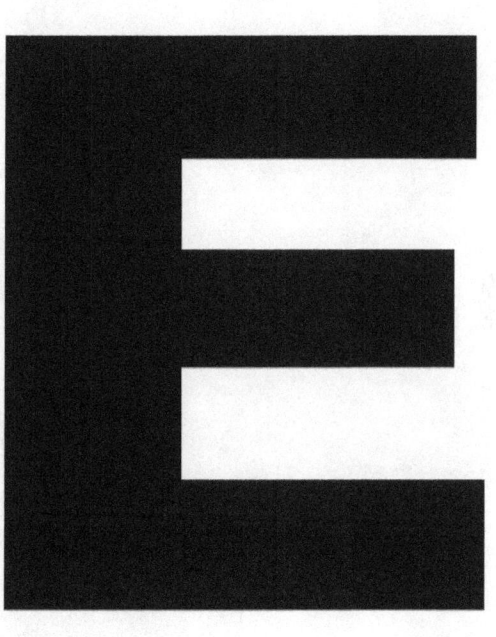

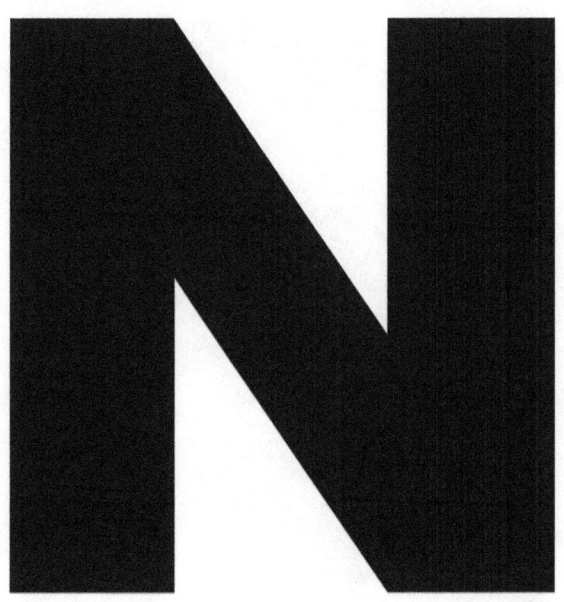

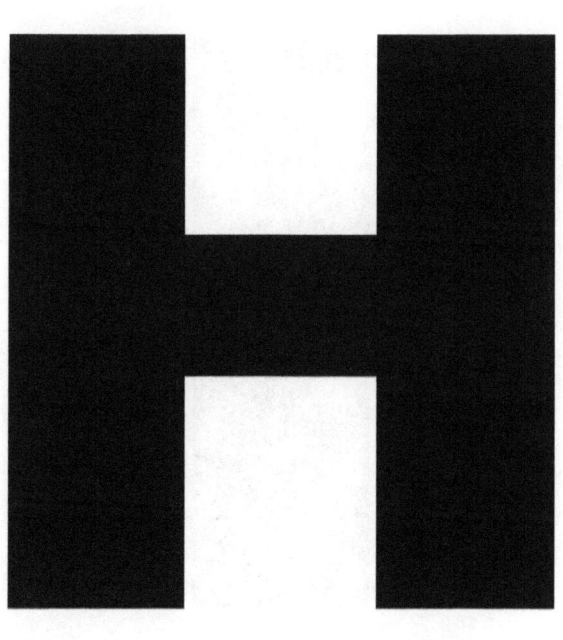

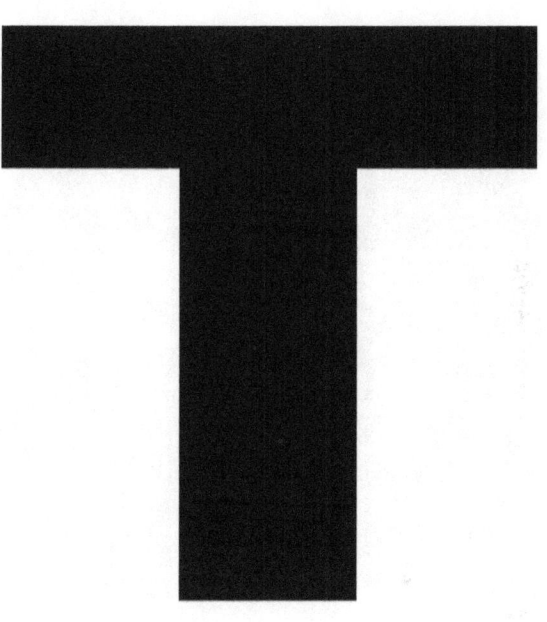

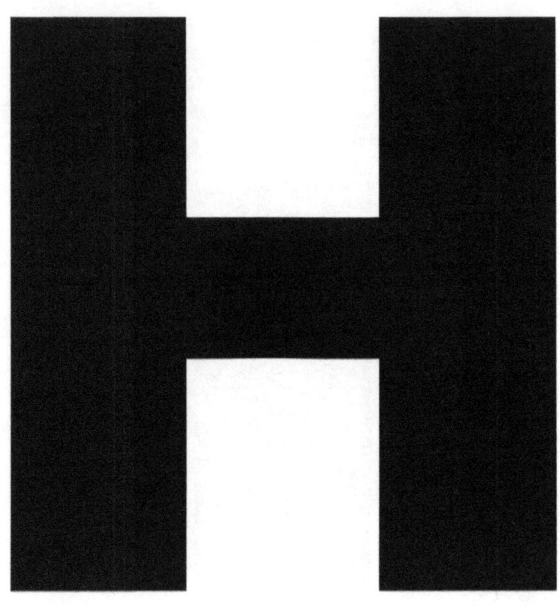

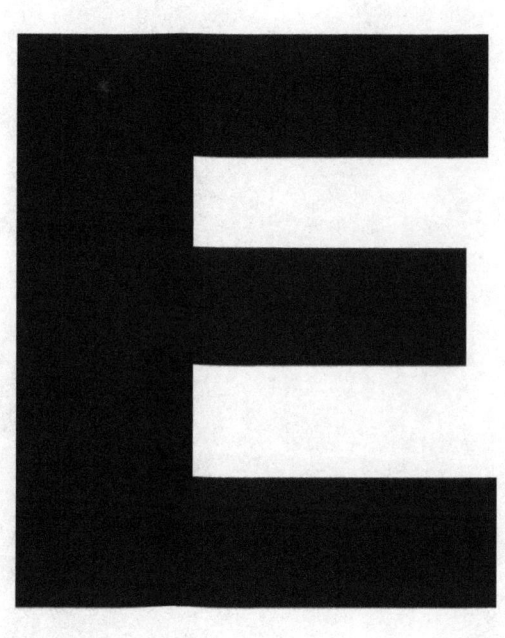

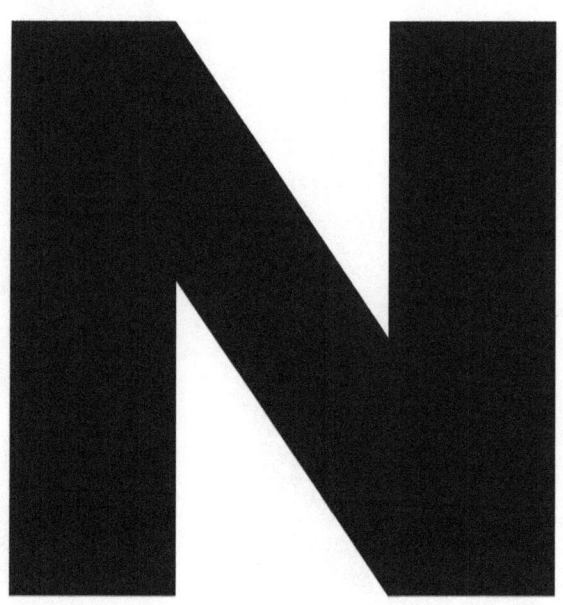

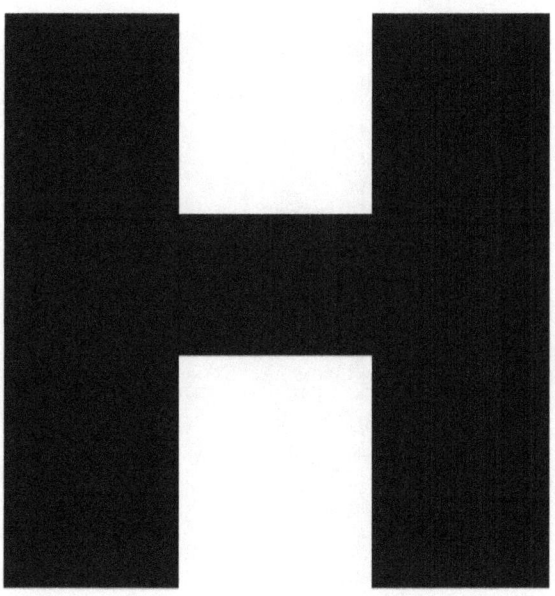

S

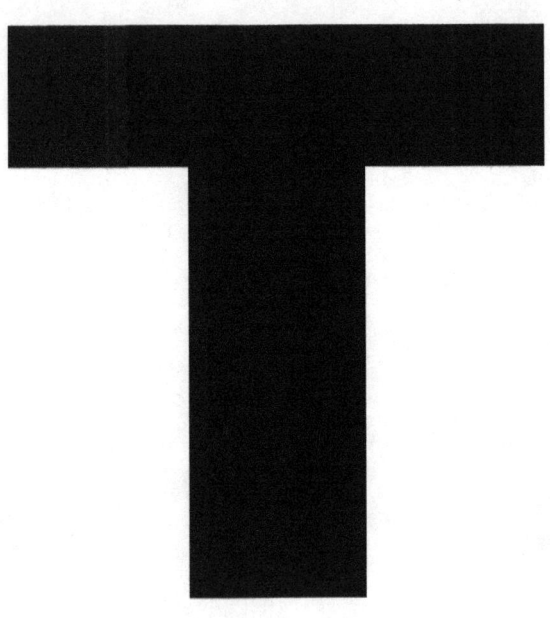

R

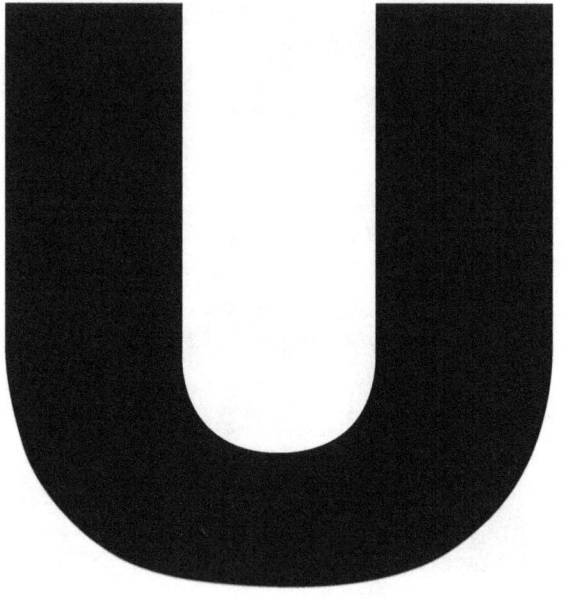

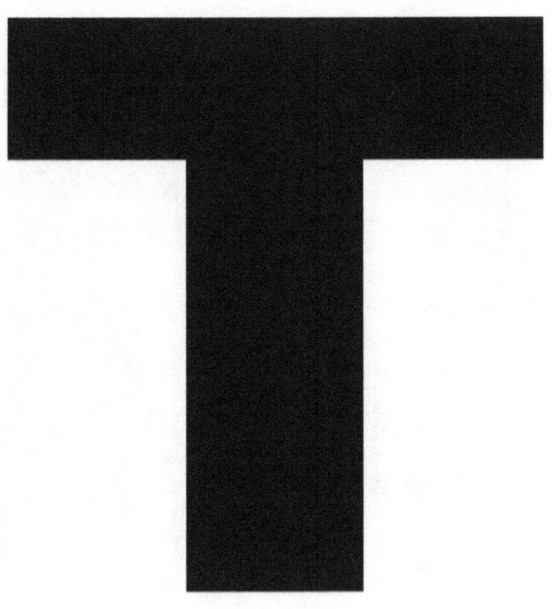

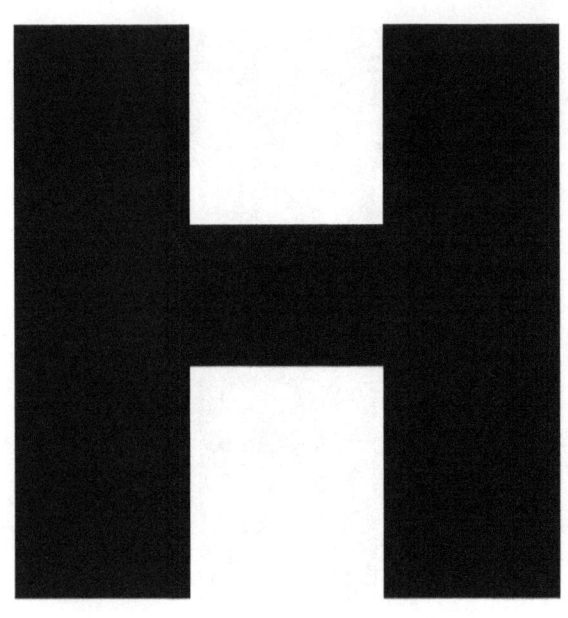

www.ingramcontent.com/pod-product-compliance
Lightning Source LLC
Chambersburg PA
CBHW031428210526
45464CB00005B/2097